AF198768

Bibliografische Information
der Deutschen Nationalbibliothek:
Die Deutsche Nationalbibliothek verzeichnet diese Publikati-
on in der Deutschen Nationalbibliografie; detaillierte bibliografische Daten sind im Internet über dnb.dnb.de abrufbar.

Umschlaggestaltung, Satz und Layout:
Martina Sylvia Khamphasith
Herstellung und Verlag:
Books on Demand, Norderstedt
ISBN 978-3-748107-09-5

Diethelm Kaminski

Zurück und vor

Aphorismen

4

Neun x klug ergibt
noch keine Intelligenzbestie.

Über Mut lässt sich streiten,
über Übermut nicht.

Wer die Zukunft zu genau plant,
wird schnell
von der Vergangenheit eingeholt.

Kampfgefährten
verwandeln sich leicht
in Kampfhähne.

Was man nicht kennt,
vermisst man am meisten.

Der Ruf nach Gerechtigkeit ist oft nur
ein Schrei nach Rache.

Ein Nichtsnutz ist ein Nutznießer
uneigennütziger Menschen.

Dreh den Spieß nicht um,
du könntest dich selbst erstechen.

Indem ich jemandem die Zeit raube,
schenke ich ihm meine eigene.

Man regt sich schneller auf als ab.

Wer viel herumkommt, kommt eher um.

Echte Gleichbehandlung:
Alle Bürger dürfen gleich unzufrieden sein.

Wer die Qual hat, hat keine Wahl mehr.

Auf die Flut von Wünschen folgt Ebbe im
Portemonnaie.

Er wurde nicht bestochen, sondern lediglich
für seine Offenheit belohnt.

Je spannender eine Gutenachtgeschichte,
desto länger können Kinder nicht einschlafen.

Auch ein Geistesblitz
kann Verbrennungen erzeugen.

Wortschreiner:
Die einen fragen Löcher in den Bauch,
andere bohren nach.

Kreuzigung des Geistes:
jemanden festnageln

Körpersprache:
Die lautlose kann man nicht hören,
und die hörbare ist ungehörig.

Wer schlecht über andere redet,
ist wenigstens ehrlich,
während die Lobhudler lügen.

Sprachförderung:
andere zu Wort kommen lassen

Strudel der Gefühle:
eine hochtrabende Umschreibung
für Ratlosigkeit

Selbst in seinen Selbstgesprächen
duldet er keinen Widerspruch.

Die deutsche Großschreibung
lässt sich nicht kleinreden.

Die Frau ging ihm erst aus dem Kopf,
nachdem er sie geheiratet hatte.

Sein dringendstes Anliegen:
sich mit allen anzulegen.

10

Unbekümmertheit
ist der Vorbote des Kummers.

Es gibt Frauen, die erregen schon Aufsehen,
wenn sie nur kurz aufsehen.

Heirate kein Energiebündel,
denn es raubt dir deine eigene Energie.

Wer von allen gestreichelt werden möchte,
läuft Gefahr, sein Fell zu verlieren.

Stille Wasser verschmutzen am schnellsten.

Eine Witzfigur.
Trotzdem kann keiner über ihn lachen.

Generalüberholung:
Sie malt sich ihr neues Leben aus.

Er rührte sich nicht vom Fleck,
damit niemand merkte,
was er angerichtet hatte.

Bevor das Leben himmlisch werden könnte,
geht es zum Teufel.

Je strenger Sünden geahndet werden,
desto bereitwilliger werden sie begangen.

Der Heiligenschein heiligt alle Mittel.

Das Restrisiko gab ihnen den Rest.

Das Betrachten von Kindheitsfotos
ersetzt den Besuch eines
archäologischen Museums.

Viele übernehmen sich,
wenn sie das Steuer in die Hand nehmen.

Eindruck schinden ist keine Schande,
solange man kein Schindluder damit treibt.

Bestechung erkennt man
am schmierigen Lächeln der Beteiligten.

Man kann unschlagbar sein,
ohne sich jemals geschlagen zu haben

Wer anderen eine Grube gräbt, läuft Gefahr,
als Schwarzarbeiter angezeigt zu werden.

Die Feinde der Demokratie rufen am lautesten
„Es lebe die Freiheit!"

Verlockung zu Nichtstun:
Nimm dein Geschick
in die eigene Hand.

Jemandem die Verantwortung übertragen,
bedeutet, sie selbst loswerden zu wollen.

Wir gewöhnen uns an alles,
nur nicht an die Vorstellung,
dass wir uns an alles gewöhnen.

Der Mensch der Zukunft
stirbt nicht an Altersschwäche,
sondern an seinem Jugendwahn.

Das Beharren auf Traditionen
ist die Weigerung,
sich den Erfordernissen der Zukunft
zu stellen.

Trittbrettfahrern gelingt selten
der rechtzeitige Absprung.

Von Unmensch zu Unmensch –
Unmenschlichkeit verbindet

Trotz reicher Erfahrung werden wir immer
wieder überfahren.

Häufiger Wechsel bringt nicht mehr Abwechs-
lung, sondern mehr Abstumpfung.

Da viele Menschen in Schablonen denken,
ist es ein Leichtes,
sprechende Roboter
nach menschlichem Muster
zu konstruieren.

Wenn der Haussegen ständig schief hängt,
sollte man ihn abhängen und entsorgen.

Heutzutage nimmt man kein Blatt vor den
Mund, aber umso öfter einen Mundschutz.

Wem das Wasser bis zum Hals steht,
tut gut daran, unterzutauchen.

Wer leicht entflammt,
sollte kein Öl ins Wasser gießen.

Wenn die Vögel verstummen,
Insekten nicht mehr summen,
sind wir Menschen die Dummen.

Früher waren die Menschen kamerascheu,
heute sind sie selfiesüchtig.

Der Weg des geringsten Widerstandes ent-
puppt sich nicht selten als
gefährliche Rutschbahn.

Die strengsten Literaturkritiker sind die,
die selber nie etwas geschrieben haben.

Verliebtheit bedeutet kurze Weile,
Ehe lange.

Der Erfolg eines Films ist von der Zahl der
Toten und der demolierten Autos abhängig.

Ein zu hohes Filmniveau schmälert den Ge-
winn und senkt die Zuschauerzahlen.

Aristokr**e**tin –
Wie doch ein einziger Buchstabe eine Adelige
vom Sockel stoßen kann!

Ein Nestbeschmutzer wird jemand genannt,
der den Mut hat,
den Schmutz in seiner Familie,
einer Firma oder seiner Partei
öffentlich anzuprangern.

Obwohl sie auf den gleichen Wegen gehen,
werden die einen Landstreicher
und Tagediebe und andere
Touristen genannt.

Der Unterschied zwischen Mensch und Tier:
Menschen verlieren den Kopf
nur im übertragenen Sinne,
Tiere in echt.

Sich in den Haaren liegen können nur Leute,
die noch welche haben.

Wer auf Prinzipien reitet, darf sich nicht wun-
dern, wenn er aus dem Sattel geworfen wird.

Recht ist sportlich.
Es lässt sich vortrefflich beugen.

Schmetterlinge sind vom Aussterben bedroht,
selbst die im Bauch,
denn mit den digitalen Medien
haben die Menschen aufgehört
zu schwärmen.

Wer den ersten Schritt tut,
hat mitunter auch den letzten getan.

Eine Hand wäscht die andere –
mit Schmierseife.

Wie gut das Bild ist,
das ich mir von dir mache,
hängt von meinem Maltalent ab.

Wer einmal lügt, dem glaubt man nicht;
Wer immer lügt, wahrt sein Gesicht.

22

Der Krug geht so lange zum Wasser,
wie es Wasser gibt.

Je voller der Kleiderschrank,
desto stärker gibt er einer Frau das Gefühl,
nichts anzuziehen zu haben.

Wo ein Wille ist,
ist noch längst kein Weg.

Wer immer noch
den Pfennig oder Cent verehrt,
sieht seine Wirtschaftlichkeit
völlig verkehrt.

Nirgends wird Heimat fremder
als in einem Heimatmuseum.

Der Künstler kann malen,
nur kann das Publikum nicht sehen.

Ein Unschuldslamm kann nichts dafür,
dass es verspeist wird.

Wer behauptet, schon alles gesehen zu haben,
ist blind durch die Welt gereist.

Das Unvernünftige führt nicht selten schneller
zum Erfolg als das vermeintlich Vernünftige.

Wenn einer keine Reise tut,
kann er oft mehr erleben
als am Urlaubsort.

Verlieren sie ihre Macht,
kriegen Politiker Ohnmachtsanfälle.

Schlechte Politiker kommen nicht
ohne Feindbilder aus.
Gute bauen sie ab.

Ein beliebter Slogan der Politik:
Brücken bauen.
Dabei schafft sie es nicht einmal,
bestehende zu reparieren.

Teufelswerk bewirkt mehr
als Engelsgeduld.

Lachen soll gesund sein?
Da lach ich mich ja kaputt!

Gemeinsame Entscheidung:
Der Mann setzt fest,
und die Frau widersetzt sich nicht.

Macht und Reichtum kann man teilen,
indem man sie öffentlich zur Schau stellt.

Besser Scherereien als Messerstechereien.

Manche haben statt Grips Gips im Kopf.

Deine Grübeleien bringen dich
noch in die Grube.

Wenn jemand die Lippen bewegt, bedeutet
das noch lange nicht, dass er lesen kann.

„Das muss ich erst mal verdauen",
sagte der Mörder und
verschluckte den Haftbefehl.

Sensibilität lässt sich nicht
mit der Sense erreichen.

Sein Unterhalt dient nicht
dem Erhalt seiner Familie,
sondern nur der eigenen Unterhaltung.

Wenn das Gegenteil von einem zügellosen
Leben ein gezügeltes und
von einem schrankenlosen
ein beschränktes ist,
dann doch lieber Ersteres.

Jeder ist seines eigenen Glückes Dieb.

Du hast mir den Kopf so sehr verdreht,
dass ich dich nicht mehr sehen kann.

Mitgegangen – nicht gefangen –
nicht gehangen,
dafür aber mitbefördert.

Gedankensplitter entstehen
durch das Zünden von Wortgranaten.

Auf jeden Gedankenblitz folgt
der Donner der Kritik.

fressen, um zu überleben
essen, um satt zu werden
speisen, um zu genießen
dinieren, um gesehen zu werden.

Gehen jemandem die Argumente aus,
blockt er ab und sagt:
Das ist ein weites Feld.

Sie kauen so lange auf ihren Sätzen herum,
bis der Sprachbrei
ür alle verdaulich ist.

Getuschel ist das Unterholz
des Klatsch- und Tratsch-Dschungels.

Seine Lust zu schreiben
raubt anderen die Lust,
es zu lesen.

Gedankensplitter sind oft
mehr Splitter als Gedanken.

Das Glück kann es nicht leiden,
wenn man ihm hinterherläuft.
Ignoriere es, und es läuft dir nach.

Das Leben meistert am besten,
wer die Realität leugnet.

Ein sehr guter Film. Fast wie im Leben.
Ein sehr gutes Leben. Fast wie im Film.

Welcher Mann wäre
kein Busenfreund.

Sexismus = Sex is Muss

Der Glaube kann Atheisten entsetzen.

Ein Serienmörder kann zu Recht
von sich sagen:
Es gab einen roten Faden in meinem Leben.

Die Kleidung so hoffnungslos altmodisch,
dass sie eine neue Mode begründen wird.

Vorgeschmack ist das Beste,
auch wenn man noch gar nichts probiert hat,
denn das Gericht hinterlässt oft
einen schalen Nachgeschmack.

Ein Selbstmörder führt
den Selbstmord nur aus.
Dazu getrieben haben ihn andere.

Der tiefste Glaube kann
keinen Aberglauben ersetzen.

Manche Besucher kommen grundsätzlich zur
Unzeit, nämlich immer zu den Mahlzeiten.

Reisen bildet ...
Egoismus und Rüpelhaftigkeit aus.

Wer mit dem Finger auf andere zeigt,
zeigt in Wahrheit auf sich selbst
und seine Schwächen.

Reichtum kommt in zerrissenen Hosen daher,
Armut in Anzug und Krawatte.

Für jede Sünde gibt es gute Gründe

Man soll die Hölle nicht verteufeln.

34

Die Mädchen waren in einem Internat …
interniert.

Beim Gedanken an Galeristen
kommt mir die Galle hoch.

Seit es ihr gelang,
ihre Verehrer abzuschütteln,
geht sie wieder leicht und
unbeschwert durchs Leben.

Wer mit dem Schwanz wedelt,
kann ihn nicht gleichzeitig einziehen.

Wer im Gasthaus sitzt,
sollte nicht mit Runden
um sich werfen.

Was für eine Aufbruchstimmung,
als die Polizei auftauchte!

Fremde: Sie sehen sich nie und
verlieren sich doch nie aus den Augen.

Aktion Mensch
… ärgere dich nicht

Erst die vermuteten Geheimnisse
machen uns interessant.
Die Wahrheit lässt uns
langweilig erscheinen.

Wenn Liebe einfach wäre,
wäre sie längst ausgestorben.

Du rennst der großen Liebe hinterher?
Lass dir lieber viele kleine in die Arme laufen.

„Typisch Mann"
heißt es verzeihend und
verständnisvoll.
„Typisch Frau"
heißt es vorwurfsvoll und
verächtlich.

Gen Himmel fahren, wie es die Kirche ver-
spricht, ist ein Himmelfahrtskommando,
weil man nicht weiß, wo man landet.

Ein Glückspils löscht den größten Durst.

Ein Seitenwechsel ist nicht selten
mit einem Wechsel verbunden.

Sag niemals nie,
sag stets vielleicht.
Durch höfliche Diplomatie
wird mehr erreicht.

Adam und Eva wurden nicht aus dem Paradies vertrieben,
sondern aus der Bevormundung
in die Selbstbestimmung entlassen.

Geld negiert die Welt.

Manche Taten sind ungerecht, manche ungerächt und andere wiederum ungerechtfertigt.

Wer kein Gewissen hat,
den können auch keine
Gewissensbisse peinigen.

Dank ihres einnehmenden Wesens hat sie
für den Rest des Lebens ausgesorgt.

Jemanden umsorgen bedeutet in der Realität
nicht selten, ihm die Luft zum Atmen nehmen
und ihn seiner Freiheit berauben.

Beim Wortklauben bleiben hässliche Spuren
an den Wörtern kleben.

Im Wein ist Wahrheit,
jedoch nicht in Trinksprüchen.

Je mehr man vom Sterben redet,
desto lebendiger wird man.

Todesanzeigen sind Friedhöfe für Gaffer
ohne Blumen und Kränze.

Bei Nachfragen nach der Verantwortlichkeit
bleiben Antworten meistens aus.

Wenn keiner lacht – ein Witz
Wenn alle lachen –
eine Gehässigkeit über Abwesende

Manches Heim ist nicht gerade das,
was man gesucht hat,
sondern eher eine Heimsuchung.

Armut ist erblich.
Das steckt schon im Wort
erb-ärmlich.

Auf dem falschen Dampfer erreicht man u. U.
besser und schneller den sicheren Hafen.

Sage mir,
mit welchen Leuten
du deine Zeit verschwendest,
und ich sage dir,
was aus dir wird.

Stoßgebete ersetzen keine Potenzmittel.

Umkehrung:
Blind vor Wut
Gut vor Blindheit.

Die Zeit ist reif,
nicht aber ihre Bewohner.

Man kann sich auf alles einen Reim machen.
Schließlich gibt es gute und schlechte,
echte und falsche Reime.

Mit Flüchen kann man gefahrloser Dampf ab-
lassen als mit Fäusten,
allerdings kann man sich mit Fäusten
mehr Respekt verschaffen.

Er traute seinen Augen nicht,
nur seinen Verführungskünsten.
Hätte er doch bloß mehr
seinen Augen vertraut.

Mit dem ist kein Start zu machen,
allenfalls eine Bruchlandung.

Kalender sind Spuren der verlorenen Zeit.

Ein Volk der Wetterfrösche:
bundesweit nur Gequake über das Wetter.

Wie leicht wird aus einem gottgefälligen
ein Gott gefährlicher Mensch.

Freude hat viele Gesichter, Angst nur eins.

Sehlandschaft:
vor lauter Kanälen kein Land in Sicht

Nach dem sechsten Cocktail
geht jeder alte Bock fehl.

Oft sind Herrenjahre keine Lehrjahre.

Unerfüllbare Wünsche vergrößern
eines Menschen Misere.

Frauen fühlen sich erst dann
genügend beachtet,
wenn ihren Verehrern die Augen
vor Bewunderung aus dem Kopf fallen.

Mitstreiter erreichen ohne Streit
mehr als Mitläufer.

Geteiltes Wissen ist gefährliches Wissen.

Viele Bücher sind inhaltlich so verstaubt …
Da hilft kein Abstauben mehr,
nur das Vergessen.

Sie hatten keinen einvernehmlichen,
aber dafür
einen deutlich vernehmlichen Sex.

Sporttalente fallen nicht vom Himmel.
Sie müssen erst gedopt werden.

Beim Gespräch „unter vier Augen"
wird gern vergessen,
dass viele Ohren lauschen.

Hoffentlich ist am Tag der offenen Tür
auch der Notausgang geöffnet.

Früher verließ eine Frau ihren Mann
mit Sack und Pack,
heute mit einem
doppelten Umzugstransporter.

Er wohnt schon so lange in der Wohnung,
dass man ihn zur Einrichtung zählt.
Nur bei der Renovierung
haben sie ihn vergessen.

Mann verzeiht einer schönen Frau alles,
nur keinen Korb.

Diejenigen, die das Wort Frieden
ständig im Mund führen,
tun am wenigsten dafür.

Sie hatten viel Geld und auch sonst nichts zu
tun. Deshalb genossen sie in ihrer Stadt
hohes Ansehen.

Hinterlist kann sehr vordergründig sein.

Kein Geld der Welt
macht aus einem Luxusweibchen
ein bewundertes Weibsbild.

Flirten ist wie Vogelschießen.
Man versucht es immer wieder,
obwohl man den Vogel nie abschießt.

Jemanden für etwas zu sensibilisieren,
bedeutet, ihm eine fremde Meinung aufzu-
drängen; jemanden zu desensibilisieren,
ihm seine eigene Meinung auszutreiben.

Wer nie sein Brot mit Schinken aß,
fortan beim Schinken Brot vergaß.

Die Einfallslosigkeit der Politik
verhindert das Schlimmste.

Für frisch Verliebte läuft in allen Kinos
der gleiche Film:
Knutschen, bis das Licht angeht.

Neuen Lebensmut schöpfen:
Todesanzeigen lesen.

Um das eigene Versagen zu kaschieren,
spricht man von einer Pechsträhne.

Jemanden auf die Palme zu bringen,
ist leichter,
als ihn wieder runterzuholen.

Die ungeschriebenen Gesetze
sind die erbarmungslosesten.

Männer suchen vorzugsweise
die Nähe unnahbarer Frauen.

Sogenannte „Originale"
sind bei näherer Überprüfung auch nur
mehr oder weniger
schlechte Kopien.

Statussymbole
sind das Rückgrat schwacher
oder unsicherer Menschen.

Nur eine kleine Minderheit
schämt sich für das,
wofür sich die große Mehrheit begeistert.

Auch Galeerensklaven sitzen am Ruder und
halten es fest in den Händen.

Manche Ehen ähneln
dem Dreißigjährigen Krieg.
Nur dass der Fenstersturz
erst am Schluss erfolgt.

Ein Stuhlgang ist immer noch besser
als ein Hofgang.

Eltern kommen schneller zum Hund
als der Teufel zur Beichte.

Da die Anwohner bei dem Chemieunfall
gehalten waren,
Fenster und Türen geschlossen zu halten,
bestand zu keiner Zeit
Gefahr für die Umwelt.

Glaube kann Zweifel ersetzen.

Schauen Menschen zu lange hin,
schimpft man sie Gaffer,
schauen sie weg, Ignoranten.

Schlaflose Nächte bringen Unheil hervor,
durchgeschlafene Wohltaten.

„Typisch! Sagen die Verallgemeinerer,
weil sie zu faul sind,
genau hinzusehen und zu differenzieren.

Schlüsselloch –
Für manche das einzige Tor zur Welt.

Zauberer sind keine Zauderer,
und Zauderer keine Zauberer.

Lieber einen Strudel verschlingen,
als von einem Strudel verschlungen werden.

Wer andere in den Schmutz zieht,
kommt nicht selten selber
gereinigt daraus hervor.

Je länger man lebt,
desto kürzer
wird die Vergangenheit.

Er wollte von allen Freuden des Lebens
kosten.
Das kostete ihn das Leben.

Harmonische Ehen funktionieren
auch ohne Worte.

Die wahren Dramen spielen sich
hinter den Kulissen ab.

Rache ist mies,
Verzeihen ist süß.

Diktatoren sind vor allem
auf eins ausgerichtet: Hinrichtungen.

Viele junge Leute brüsten sich
mit englischsprachigen Sprüchen
auf ihren T-Shirts,
ohne deren Peinlichkeit auch nur zu ahnen.

Siege gehen mit mehr Opfern einher
als Niederlagen.

Langjährige Erfahrung lehrt's:
Wünsche wachsen himmelwärts.

Zufall ist der Gehilfe des Glücks
wie des Unglücks.

Kinder, die grundlos weinen,
werden getröstet,
Kinder, die grundlos lachen,
ausgeschimpft.

In Kirchenschiffen sammeln sich
Schiffbrüchige und im Leben Gestrandete.

Das Leben behält die Oberhand über die,
die unter der Erde liegen.

58

Kriege sind vermeidbar.
Man muss sie nur bekriegen.

Sie konnte alle ihre Träume verwirklichen.
Sie hat sie aufgeschrieben.

Weltweit werden so lange Pflugscharen
gegen Waffen getauscht,
bis die Völker verhungert sind.

Seit weltweit Ölquellen erschlossen werden,
läuft alles noch geschmierter.

Für viele heutige Kinder ist Natur so fern,
dass sie Pflanzen für Tiere
und Tiere für Pflanzen halten.

Ein Wort gibt das andere?
Schön wär´s. Dann wären alle Schriftsteller.

Menschwerdung beginnt mit dem Lesen
und Schreiben,
mit dem Rechnen nimmt sie wieder ab.

Menschen berauschen sich an Kriegen und
langweilen sich im Frieden.

Ab dem dritten Kriegsjahr
weiß niemand mehr,
warum und wozu Krieg geführt wird;
ab dem 30. Friedensjahr weiß niemand mehr,
warum man nicht mal wieder Krieg führt.

Wem Krieg zur Heimat geworden ist,
wird in Friedenszeiten nie eine neue finden.

Lügen mögen kurze Beine haben …
Auf jeden Fall haben sie
verdammt lange Arme.

Nur eins ist verlässlich:
Jeder ist verletzlich.

Warum morden Menschen?
Weil es ihnen
ein Mordsvergnügen bereit.

Was die Alten predigen,
kann junge Leute schädigen.

Soll ein Vertrag gelingen,
muss üppig Schmiergeld springen.

Ich lasse mich lieber in
als auf den Arm nehmen.

Alle Menschen teilen sich
den gleichen Himmel.
Ein Trost für die Armen,
ein Ärgernis für die Reichen.

Deutsche Landwirte säen Klagen
und ernten Subventionen.

Er nahm sie im Sturm und
verließ sie in aller Stille.

Plagiieren geht über Studieren.

Wie gut, dass Menschen
unterschiedliche Vorstellungen
von Glück haben.
Dadurch kommen sie sich
weniger in die Quere.

Eine Feuerbestattung
setzt Sünden frei,
eine Erdbestattung
begräbt sie.

Es gibt noch viel Luft nach oben …
Aber um raufzukommen,
reicht oft der Atem nicht.

Es ist leichter für eine Frau,
sich einen Millionär zu angeln,
als ihn auszunehmen.

Ein falsches Wort
wiegt schwerer
als tausend richtige.

Die häufigste Lebenserwartung:
das ewige Leben

Stille Wasser sind … tot.

Seine lange Rede
war aus einem Guss: Stuss.

Mobbing in der Schule –
Früh übt sich,
wer ein echter Sadist
werden möchte.

Lesezeichen führen dem Leser
seine Lesefaulheit vor Augen.

In der Rechtschreibung und Zeichensetzung
sind der Kreativität eines Volkes
keine Grenzen gesetzt.

Unser Schweigen
bringt andere zum Reden,
das Geschwätz anderer
lässt uns verstummen.

Wo die Augenzeugen wohl
ihre Augen gehabt haben!

Lügen sind wie Notausgänge
in einem Kino, Wahrheiten wie
Wege in einem Labyrinth.

Auch ein zahnloser Tiger hat
noch gefährliche Krallen.

Man kann den Gürtel nur
um so viel enger schnallen,
wie er Löcher hat.

Würde viel Geld seinen Besitzern
Würde verleihen,
wären alle Reichen Würdenträger.

Wenn man eine Lüge lange genug verkündet,
verwandelt sie sich in Wahrheit,
wenn man zu lange auf eine Wahrheit besteht,
hält man sie für eine Lüge.

Man soll das Leben
nicht vor dem Tode loben.

Schönen Frauen verzeihen Männer alles,
klugen Frauen nichts.

Manche lesen in einem Buch nur das,
was ein anderer angestrichen hat.

Mit den Wölfen zu heulen,
genügt nicht,
man muss auch die Beute
mit ihnen teilen.

Je voller ein Bücherschrank,
desto verlorener
das einzelne Buch.

Offene Bücherschränke
sind zwar unverschlossen,
aber geistig beschränkt.

Jemand, der gut Wetter machen möchte,
ist noch lange kein Petrus.

Künstlerische Tätigkeiten:
schwarzmalen und Grimassen schneiden

Sein Stillschweigen ging im Lärm unter.

Der Mensch ist des Menschen Hampelmann.

Wo geknobelt wird, kullern Tränen.

Stadtluft macht dieselig.

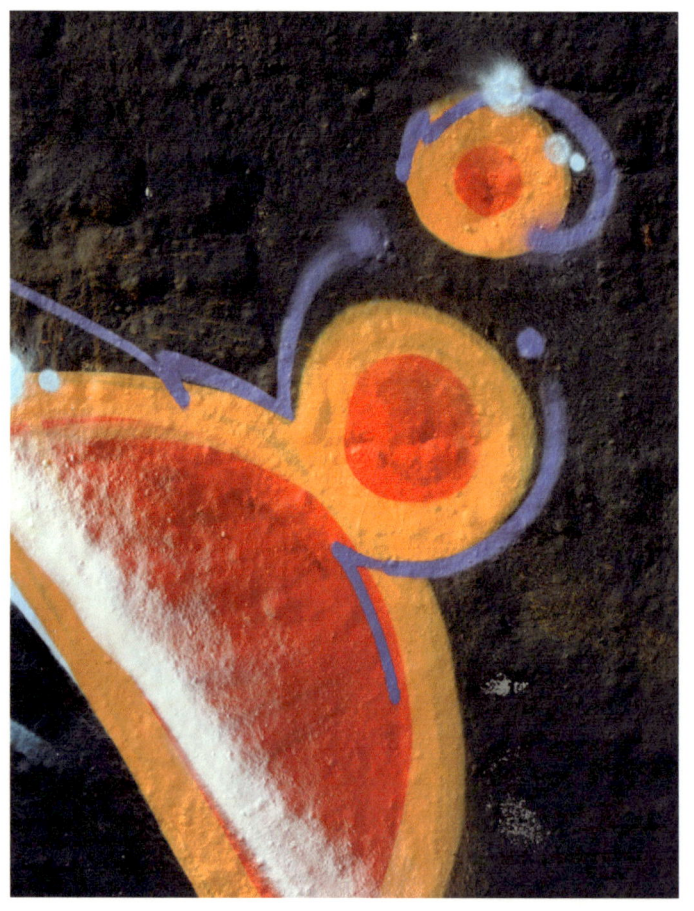

70

Diethelm Kaminski lebt in Köln. Er war als Gymnasial-
lehrer, Fachberater für Deutsch am Goethe-Institut in
Zagreb und als pädagogischer Referent in der Zentral-
stelle für das Auslandsschulwesen tätig. Er veröffent-
lichte Lehr- und Arbeitsbücher für Deutsch als Fremd-
sprache, außerdem Romane, Gedichtbände und viele
Kurzgeschichtensammlungen.
Kurzgeschichten sowie Haiku, Gedichte und Fotos des
Autors sind auf den Websites
www.fotogesaenge.de
und www.fotohaiku.com zu finden.

**Als E-Books sind vom Autor bei amazon veröffent-
licht:**

**Noch fünf Minuten, bis es klingelt. Kinder- und
Schulgeschichten,** 2008

Die Wände hoch. Kinder- und Schulgeschichten, 2009

**Von Schindludern und Fliedermäusen. Unglaubliche
Geschichten um Großvater, Ole und Irmi,** 2010

Tage in Gelee, 2011
Bahngeschichten

Aufbrüche, 2012
Kurzgeschichten

71

Bewegungen, 2012
Roman

Und ich war dabei, 2012
Absurde Geschichten

Das unsichtbare Volk, 2012
Märchen, Fabeln und Parabeln

Buchstabenzauber, 2012
Kinder- und Schulgeschichten

Eine Spitzenkraft, 2012
Kurzgeschichten

Die große Masche, 2012
Gaunergeschichten

Wege zur Gesundung, 2012
Satiren und andere Hoffnungsschimmer

Beleidigung ist die beste Verteidigung, 2014
Gedankensplitter, erweiterte Ausgabe

Und der Rest ein Fest, 2012
Seniorengeschichten

Gecko, 2013
Kinderroman

Zappenduster, 2013
Science-Fiction-Geschichten

Die erfundene Großmutter, 2013
Kindheitserinnerungen

Mummenschanz, 2013
Sonette

Mäusejagd, 2013
Sonette

Gegen Lucie ist kein Kraut gewachsen, 2013
Ein Roman für Kinder und Erwachsene

Das achte N, 2013
Geschichten um Janine

Liebe in Zeiten der Lieblosigkeit, 2013
Kurzgeschichten

Tangogeflüster, 2013
Sonette zu Zeichnungen von Marlene Pohle

Besuch in der Ewigkeit, 2014
Science-Fiction-Geschichten

Es ist nie genug, 2014
Kurzgeschichten

Kopfsprünge, 2014
Kurzgeschichten

Nicht mit uns, 2014
Märchengedichte

Kunst ist aller Zaster Anfang, 2014
Gedichte zu Kunstobjekten

Von Wolke zu Wolke, 2014
Haiku und Fotos

Bummel durch Lissabon, 2015
Haiku und Fotos

Aufs Korn genommen, 2015
Kurzgeschichten

Muschelbett, 2015
Liebesgedichte

Nur keine Angst, auch wenn du bangst, 2016
Geschichten und Erlebnisse